金刚般若波罗蜜多经

姚秦·三藏法师·鸠摩罗什 译

竹和松出版社

©2022 Zhu & Song Press

出版：竹和松出版社（Zhu & Song Press）

Zhu & Song Press, LLC

North Potomac, Maryland 20878

责任编辑：朱晓红

责编信箱：editor@zhuandsongpress.com

封面设计：竹和松传媒

出版社网址：www.zhuandsongpress.com

印刷地：美国，英国

发行：全球（中国大陆除外）

ISBN-13: 978-1-950797-06-6

ISBN-10: 1-950797-06-6

版权所有，侵权必究

出版序言

佛教的经典如浩瀚之大海，璀璨之群星，现代人想读却总觉得无从入门，而且找不到那么多的时间研读。但其实佛教的经典中有两部经典是重中之重，字字珠玑。读完那两部，就等于吸取了佛教中最精华的部分。而且，那两部经典简短精炼，非常适合现代人平日受持读诵，修心养性。那两部经典就是《金刚经》和《心经》。其中，《心经》尤其短，只有短短两页，无法单独成书，所以竹和松出版社就把它放在附录，以方便读者随时翻阅。《金刚经》也不长，竹和松出版社曾把它放在《十大经典佛经》中出版过，但每天要翻阅这么厚的《十大经典佛经》来读诵《金刚经》就有点不那么方便。所以这次竹和松出版社把它单独拿出来出版，以方便佛教爱好者们每天翻阅，随身携带，受执读诵。我们还留了十页空白页方便读者作心得笔记。如果我们的出版给佛学爱好者们带来那么一点点的方便，那我们的出版目的也就达到了。愿大家阅读愉快，法喜充满。

竹和松出版社社长 朱晓红

03/26/2022

目录

金刚般若波罗蜜经..................................7

附：般若波罗蜜多心经........................35

金刚般若波罗蜜经

姚秦·三藏法师·鸠摩罗什 译

如是我闻。一时,佛在舍卫国祇树给孤独园,与大比丘众千二百五十人俱。尔时,世尊食时,著衣持钵,入舍卫大城乞食。于其城中,次第乞已,还至本处。饭食讫,收衣钵,洗足已,敷座而坐。

时,长老须菩提在大众中即从座起,偏袒右肩,右膝著地,合掌恭敬而白佛言:希有!世尊!如来善护念诸菩萨,善付嘱诸菩萨。世尊!善男子、善女人,发阿耨多罗三藐三菩提心,云何应住？云何降伏其心？

佛言：善哉，善哉。须菩提！如汝所说：如来善护念诸菩萨，善付嘱诸菩萨，汝今谛听！当为汝说：善男子、善女人，发阿耨多罗三藐三菩提心，应如是住，如是降伏其心。

唯然。世尊！愿乐欲闻。

佛告须菩提：诸菩萨摩诃萨应如是降伏其心！所有一切众生之类：若卵生、若胎生、若湿生、若化生；若有色、若无色；若有想、若无想、若非有想非无想，我皆令入无余涅槃而灭度之。如是灭度无量无数无边众生，实无众生得灭度者。何以故？须菩提！若菩萨有我相、人相、众生相、寿者相，即非菩萨。

复次，须菩提！菩萨于法，应无所

住,行于布施,所谓不住色布施,不住声香味触法布施。须菩提!菩萨应如是布施,不住于相。何以故?若菩萨不住相布施,其福德不可思量。

须菩提!于意云何?东方虚空可思量不?

不也,世尊!

须菩提!南西北方四维上下虚空可思量不?

不也,世尊!

须菩提!菩萨无住相布施,福德亦复如是不可思量。须菩提!菩萨但应如所教住。

须菩提!于意云何?可以身相见如来不?

不也,世尊!不可以身相得见如来。何以故?如来所说身相,即非身相。

佛告须菩提：凡所有相，皆是虚妄。若见诸相非相，则见如来。

须菩提白佛言：世尊！颇有众生，得闻如是言说章句，生实信不？

佛告须菩提：莫作是说。如来灭后，后五百岁，有持戒修福者，于此章句能生信心，以此为实，当知是人不于一佛二佛三四五佛而种善根，已于无量千万佛所种诸善根，闻是章句，乃至一念生净信者，须菩提！如来悉知悉见，是诸众生得如是无量福德。何以故？是诸众生无复我相、人相、众生相、寿者相。

无法相，亦无非法相。何以故？是诸众生若心取相，则为著我人众生寿者。

若取法相，即著我人众生寿者。何以故？若取非法相，即著我人众生寿者，是故不应取法，不应取非法。以是义故，如来常说：汝等比丘，知我说法，如筏喻者，法尚应舍，何况非法。

须菩提！于意云何？如来得阿耨多罗三藐三菩提耶？如来有所说法耶？

须菩提言：如我解佛所说义，无有定法名阿耨多罗三藐三菩提，亦无有定法，如来可说。何以故？如来所说法，皆不可取、不可说、非法、非非法。所以者何？一切贤圣，皆以无为法而有差别。

须菩提！于意云何？若人满三千大千世界七宝以用布施，是人所得福德，宁为多不？

须菩提言：甚多，世尊！何以故？

是福德即非福德性,是故如来说福德多。

若复有人,于此经中受持,乃至四句偈等,为他人说,其福胜彼。何以故?须菩提!一切诸佛,及诸佛阿耨多罗三藐三菩提法,皆从此经出。须菩提!所谓佛、法者,即非佛、法。

须菩提!于意云何?须陀洹能作是念:我得须陀洹果不?

须菩提言:不也,世尊!何以故?须陀洹名为入流,而无所入,不入色声香味触法,是名须陀洹。

须菩提!于意云何?斯陀含能作是念:我得斯陀含果不?

须菩提言:不也,世尊!何以故?斯陀含名一往来,而实无往来,是名斯陀含。

须菩提！于意云何？阿那含能作是念：我得阿那含果不？

须菩提言：不也，世尊！何以故？阿那含名为不来，而实无不来，是故名阿那含。

须菩提！于意云何？阿罗汉能作是念：我得阿罗汉道不？

须菩提言：不也，世尊！何以故？实无有法名阿罗汉。世尊！若阿罗汉作是念：我得阿罗汉道，即为著我人众生寿者。世尊！佛说我得无诤三昧，人中最为第一，是第一离欲阿罗汉。世尊！我不作是念：我是离欲阿罗汉。世尊！我若作是念：我得阿罗汉道，世尊则不说须菩提是乐阿兰那行者！以须菩提实无所行，而名须菩提是乐阿兰那行。

佛告须菩提：于意云何？如来昔在

燃灯佛所,于法有所得不?

不也,世尊!如来在燃灯佛所,于法实无所得。

须菩提!于意云何?菩萨庄严佛土不?

不也,世尊!何以故?庄严佛土者,则非庄严,是名庄严。

是故须菩提,诸菩萨摩诃萨应如是生清净心,不应住色生心,不应住声香味触法生心,应无所住而生其心。

须菩提!譬如有人,身如须弥山王,于意云何?是身为大不?

须菩提言:甚大,世尊!何以故?佛说非身,是名大身。

须菩提!如恒河中所有沙数,如是沙等恒河,于意云何?是诸恒河沙宁为多不?

须菩提言：甚多，世尊！但诸恒河尚多无数，何况其沙！

须菩提！我今实言告汝：若有善男子、善女人，以七宝满尔所恒河沙数三千大千世界，以用布施，得福多不？

须菩提言：甚多，世尊！

佛告须菩提：若善男子、善女人，于此经中，乃至受持四句偈等，为他人说，而此福德胜前福德。复次，须菩提！随说是经，乃至四句偈等，当知此处，一切世间、天、人、阿修罗，皆应供养，如佛塔庙，何况有人尽能受持读诵。须菩提！当知是人成就最上第一希有之法，若是经典所在之处，则为有佛，若尊重弟子。

尔时，须菩提白佛言：世尊！当何名此经？我等云何奉持？

佛告须菩提：是经名为《金刚般若波罗蜜》，以是名字，汝当奉持。所以者何？须菩提！佛说般若波罗蜜，即非般若波罗蜜，是名般若波罗蜜。须菩提！于意云何？如来有所说法不？

须菩提白佛言：世尊！如来无所说。

须菩提！于意云何？三千大千世界所有微尘是为多不？

须菩提言：甚多，世尊！

须菩提！诸微尘，如来说非微尘，是名微尘。如来说：世界，非世界，是名世界。

须菩提！于意云何？可以三十二相见如来不？

不也，世尊！不可以三十二相得见如来。何以故？如来说：三十二相，即是非相,是名三十二相。

须菩提!若有善男子、善女人,以恒河沙等身命布施;若复有人,于此经中,乃至受持四句偈等,为他人说,其福甚多!

尔时,须菩提闻说是经,深解义趣,涕泪悲泣,而白佛言:希有,世尊!佛说如是甚深经典,我从昔来所得慧眼,未曾得闻如是之经。世尊!若复有人得闻是经,信心清净,则生实相,当知是人,成就第一希有功德。世尊!是实相者,则是非相,是故如来说名实相。世尊!我今得闻如是经典,信解受持不足为难,若当来世,后五百岁,其有众生,得闻是经,信解受持,是人则为第一希有。何以故?此人无我相、无人相、无众生相、无寿者相。所以者何？我相即是非相，人相、众生相、寿者相即是非相。何以故？离一切诸相，即名诸佛。

佛告须菩提：如是！如是！若复有人，得闻是经，不惊、不怖、不畏，当知是人甚为希有。何以故？须菩提！如来说：第一波罗蜜，即非第一波罗蜜，是名第一波罗蜜。须菩提！忍辱波罗蜜，如来说非忍辱波罗蜜，是名忍辱波罗蜜。何以故？须菩提！如我昔为歌利王割截身体，我于尔时，无我相、无人相、无众生相、无寿者相。何以故？我于往昔节节支解时，若有我相、人相、众生相、寿者相，应生嗔恨。须菩提！又念过去于五百世作忍辱仙人，于尔所世，无我相、无人相、无众生相、无寿者相。是故须菩提！菩萨应离一切相，发阿耨多罗三藐三菩提心，不应住色生心，不应住声香味触法生心，应生无所住心。若心有住，则为非住。

是故佛说：菩萨心不应住色布施。须菩提！菩萨为利益一切众生故，应如是布施。如来说：一切诸相，即是非相。又说：一切众生，则非众生。须菩提！如来是真语者、实语者、如语者、不诳语者、不异语者。

须菩提！如来所得法，此法无实无虚。须菩提！若菩萨心住于法而行布施，如人入暗，则无所见；若菩萨心不住法而行布施，如人有目，日光明照，见种种色。

须菩提！当来之世，若有善男子、善女人，能于此经受持读诵，则为如来以佛智慧，悉知是人，悉见是人，皆得成就无量无边功德。

须菩提！若有善男子、善女人，初日分以恒河沙等身布施，中日分复以恒河沙等身布施，后日分亦以恒河沙等身布施，如是无量百千万亿劫以身布施；若复有人，闻此经典，信心不逆，其福胜彼，何况书写、受持、读诵、为人解说。

须菩提！以要言之，是经有不可思议、不可称量、无边功德。如来为发大乘者说，为发最上乘者说。若有人能受持读诵，广为人说，如来悉知是人，悉见是人，皆成就不可量、不可称、无有边、不可思议功德，如是人等，则为荷担如来阿耨多罗三藐三菩提。何以故？须菩提！若乐小法者，著我见、人见、众生见、寿者见，则于此经，不能听受读诵、为人解说。

须菩提！在在处处，若有此经，一切世间、天、人、阿修罗，所应供养；当知此处，则为是塔，皆应恭敬，作礼围绕，以诸华香而散其处。

复次，须菩提！善男子、善女人，受持读诵此经，若为人轻贱，是人先世罪业，应堕恶道，以今世人轻贱故，先世罪业则为消灭，当得阿耨多罗三藐三菩提。

须菩提！我念过去无量阿僧祇劫，于燃灯佛前，得值八百四千万亿那由他诸佛，悉皆供养承事，无空过者；若复有人，于后末世，能受持读诵此经，所得功德，于我所供养诸佛功德，百分不及一，千万亿分、乃至算数譬喻所不能及。

须菩提！若善男子、善女人，于后末世，有受持读诵此经，所得功德，我若具说者，或有人闻，心则狂乱，狐疑不信。须菩提！当知是经义不可思议，果报亦不可思议。

尔时，须菩提白佛言：世尊！善男子、善女人，发阿耨多罗三藐三菩提心，云何应住？云何降伏其心？

佛告须菩提：善男子、善女人，发阿耨多罗三藐三菩提心者，当生如是心，我应灭度一切众生。灭度一切众生已，而无有一众生实灭度者。何以故？须菩提，若菩萨有我相、人相、众生相、寿者相，则非菩萨。所以者何？须菩提！实无有法发阿耨多罗三藐三菩提心者。

须菩提！于意云何？如来于燃灯佛

所,有法得阿耨多罗三藐三菩提不?

不也,世尊!如我解佛所说义,佛于燃灯佛所,无有法得阿耨多罗三藐三菩提。

佛言:如是,如是。须菩提!实无有法如来得阿耨多罗三藐三菩提。须菩提!若有法如来得阿耨多罗三藐三菩提者,燃灯佛则不与我授记:汝于来世,当得作佛,号释迦牟尼。以实无有法得阿耨多罗三藐三菩提,是故燃灯佛与我授记,作是言:汝于来世,当得作佛,号释迦牟尼。何以故?如来者,即诸法如义。

若有人言:如来得阿耨多罗三藐三菩提。须菩提!实无有法,佛得阿耨多罗三藐三菩提。须菩提!如来所得阿耨多罗三藐三菩提,于是中无实无虚。是故如来说：一切法皆是佛法。须菩提！所言一切法者，即非一切法，是故名一切法。

须菩提！譬如人身长大。

须菩提言：世尊！如来说：人身长大，即为非大身，是名大身。

须菩提！菩萨亦如是。若作是言：我当灭度无量众生，则不名菩萨。何以故？须菩提！实无有法名为菩萨。是故佛说：一切法无我、无人、无众生、无寿者。须菩提！若菩萨作是言：我当庄严佛土，是不名菩萨。何以故？如来说：庄严佛土者，即非庄严，是名庄严。须菩提！若菩萨通达无我、法者，如来说名真是菩萨。

须菩提！于意云何？如来有肉眼不？

如是,世尊!如来有肉眼。

须菩提!于意云何?如来有天眼不?

如是,世尊!如来有天眼。

须菩提!于意云何?如来有慧眼不?

如是,世尊!如来有慧眼。

须菩提!于意云何?如来有法眼不?

如是,世尊!如来有法眼。

须菩提!于意云何?如来有佛眼不?

如是,世尊!如来有佛眼。

须菩提!于意云何?如恒河中所有沙,佛说是沙不?

如是,世尊!如来说是沙。

须菩提!于意云何?如一恒河中所

有沙,有如是沙等恒河,是诸恒河所有沙数,佛世界如是,宁为多不?

甚多,世尊!

佛告须菩提:尔所国土中,所有众生,若干种心,如来悉知。何以故?如来说:诸心皆为非心,是名为心。所以者何?须菩提!过去心不可得,现在心不可得,未来心不可得。

须菩提!于意云何?若有人满三千大千世界七宝以用布施,是人以是因缘,得福多不?

如是,世尊!此人以是因缘,得福甚多。

须菩提!若福德有实,如来不说得福德多;以福德无故,如来说得福德多。

须菩提!于意云何?佛可以具足色

身见不？

不也，世尊！如来不应以具足色身见。何以故？如来说：具足色身，即非具足色身，是名具足色身。

须菩提！于意云何？如来可以具足诸相见不？

不也，世尊！如来不应以具足诸相见。何以故？如来说：诸相具足，即非具足，是名诸相具足。

须菩提！汝勿谓如来作是念：我当有所说法。莫作是念，何以故？若人言：如来有所说法，即为谤佛，不能解我所说故。须菩提！说法者，无法可说，是名说法。

尔时，慧命须菩提白佛言：世尊！颇有众生，于未来世，闻说是法，生信心不？

佛言：须菩提！彼非众生，非不众生。何以故？须菩提！众生众生者，如来说非众生，是名众生。

须菩提白佛言：世尊！佛得阿耨多罗三藐三菩提，为无所得耶？

佛言：如是，如是。须菩提！我于阿耨多罗三藐三菩提乃至无有少法可得，是名阿耨多罗三藐三菩提。

复次，须菩提！是法平等，无有高下，是名阿耨多罗三藐三菩提；以无我、无人、无众生、无寿者，修一切善法，则得阿耨多罗三藐三菩提。须菩提！所言善法者，如来说非善法，是名善法。

须菩提！若三千大千世界中所有诸须弥山王，如是等七宝聚，有人持用布施；若人以此《般若波罗蜜经》，乃至四句偈等，受持读诵、为他人说，于前福德百分不及一，百千万亿分，乃至算数譬喻所不能及。

须菩提！于意云何？汝等勿谓如来作是念：我当度众生。须菩提！莫作是念。何以故？实无有众生如来度者，若有众生如来度者，如来则有我人众生寿者。须菩提！如来说：有我者，则非有我，而凡夫之人以为有我。须菩提！凡夫者，如来说即非凡夫，是名凡夫。

须菩提！于意云何？可以三十二相观如来不？

须菩提言：如是！如是！以三十二相观如来。

佛言：须菩提！若以三十二相观如来者，转轮圣王则是如来。

须菩提白佛言：世尊！如我解佛所

说义，不应以三十二相观如来。

尔时，世尊而说偈言：

若以色见我　以音声求我

是人行邪道　不能见如来

须菩提！汝若作是念：如来不以具足相故，得阿耨多罗三藐三菩提。须菩提！莫作是念：如来不以具足相故，得阿耨多罗三藐三菩提。

须菩提！汝若作是念，发阿耨多罗三藐三菩提心者，说诸法断灭。莫作是念！何以故？发阿耨多罗三藐三菩提心者，于法不说断灭相。

须菩提！若菩萨以满恒河沙等世界七宝，持用布施；若复有人知一切法无我，得成于忍，此菩萨胜前菩萨所得功德。何以故？须菩提！以诸菩萨不受福德故。

须菩提白佛言：世尊！云何菩萨不受福德？

须菩提！菩萨所作福德，不应贪著，是故说不受福德。

须菩提！若有人言：如来若来若去、若坐若卧，是人不解我所说义。何以故？如来者，无所从来，亦无所去，故名如来。

须菩提！若善男子、善女人，以三千大千世界碎为微尘，于意云何？是微尘众宁为多不？

须菩提言：甚多，世尊！何以故？若是微尘众实有者，佛则不说是微尘众，所以者何？佛说：微尘众，则非微尘众，是名微尘众。世尊！如来所说三千大千世界，则非世界，是名世界。何以故？若世界实有者，即是一合相。如来说：一合相，即非一合相，是名一合相。

须菩提！一合相者，即是不可说，但凡夫之人贪著其事。

须菩提！若人言：佛说我见、人见、众生见、寿者见。须菩提！于意云何？是人解我所说义不？

不也！世尊！是人不解如来所说义。何以故？世尊说：我见、人见、众生见、寿者见，即非我见、人见、众生见、寿者见，是名我见、人见、众生见、寿者见。

须菩提！发阿耨多罗三藐三菩提心者，于一切法，应如是知，如是见，如是信解，不生法相。须菩提！所言法相者，如来说即非法相，是名法相。

须菩提！若有人以满无量阿僧祇世

界七宝持用布施，若有善男子、善女人，发菩提心者，持于此经，乃至四句偈等，受持读诵，为人演说，其福胜彼。云何为人演说，不取于相，如如不动。何以故？

一切有为法　如梦幻泡影

如露亦如电　应作如是观

佛说是经已，长老须菩提及诸比丘、比丘尼、优婆塞、优婆夷、一切世间、天、人、阿修罗，闻佛所说，皆大欢喜，信受奉行。

鸠摩罗什 译

附：

般若波罗蜜多心经

唐三藏法师玄奘译

观自在菩萨，行深般若波罗蜜多时，照见五蕴皆空，渡一切苦厄。

舍利子！色不异空，空不异色；色即是空，空即是色；受想行识，亦复如是。

舍利子！是诸法空相，不生不灭，不垢不净，不增不减。

是故空中无色，无受想行识，无眼耳鼻舌身意，无色声香味触法，无眼界，乃至无意识界。

无无明，亦无无明尽，乃至无老死，亦无老死尽，无苦集灭道。无智亦无得。

唐三藏法师玄奘译

　　以无所得故，菩提萨埵，依般若波罗蜜多故，心无罣碍，无罣碍故，无有恐怖，远离颠倒梦想，究竟涅槃。

　　三世诸佛，依般若波罗蜜多故，得阿耨多罗三藐三菩提。

　　故知般若波罗蜜多，是大神咒，是大明咒，是无上咒，是无等等咒，能除一切苦，真实不虚。

　　故说般若波罗蜜多咒，即说咒曰：揭谛揭谛，波罗揭谛，波罗僧揭谛，菩提娑婆呵。

笔记

www.ingramcontent.com/pod-product-compliance
Lightning Source LLC
Chambersburg PA
CBHW030141100526
44592CB00011B/987